The Urbana Free Library

To renew: call **217-367-4057**
or go to **urbanafreelibrary.org**
and select **My Account**

The Urbana Free Library

In Memory of
Yolanda Greco Deal

MUJERES VALIENTES

25 MUJERES QUE DIERON BATALLA

por Jill Sherman

COMPASS POINT BOOKS
a capstone imprint

Serie Compass Point Books publicada por Capstone Press
1710 Roe Crest Drive, North Mankato, Minnesota 56003
www.capstonepub.com

Translated into the Spanish language by Aparicio Publishing

Los datos de CIP (Catalogación previa a la publicación, CIP) de la Biblioteca del Congreso se encuentran disponibles en el sitio web de la Biblioteca

ISBN 978-0-7565-6537-4 (hardback)
ISBN 978-0-7565-6541-1 (eBook PDF)

Créditos editoriales
Anna Butzer, editor; Russell Griesmer, designer; Jennifer Bergstrom, production artist;
Svetlana Zhurkin, media researcher; Laura Manthe, production specialist

Fotografías gentileza de:
AP Images: 14, Frank C. Curtin, 11, Scanpix/Cornelius Poppe, cover; Franklin D. Roosevelt Presidential Library and Museum, 9; Getty Images: Anthony Barboza, 23, Curran/Steve Jennings, 27, Popperfoto/United News, 45, Robin Marchant, 32, The LIFE Images Collection/Don Cravens, 37; Library of Congress, 7, 35; NARA: Franklin D. Roosevelt Library, 5; Newscom: EFE/Giorgio Viera, 47, picture alliance/EuropaNewswire/Luiz Rampelotto, 30, Reuters/Aaron Josefczyk, 25, Sipa Press/Benedicte Desrus, 43, Sipa USA/Lionel Hahn, 16, Sipa USA/Luiz Rampelotto, 51, Sipa/Anthony Behar, 49, Sipa/Lido, 21, Zuma Press/Aftonbladet, 28, Zuma Press/Heiko Junge, 58, Zuma Press/Stefan Rousseau, 54; Shutterstock: Joseph Sohm, 18, lev radin, 56, stocklight, 39; Wikimedia, 41

Elementos de diseño
Shutterstock

Impreso y encuadernado en los Estados Unidos de América.
PA100

CONTENIDO

INTRODUCCIÓN

"Todos los seres humanos nacen libres e iguales en dignidad y derechos".

Con esas palabras comienza la Declaración Universal de Derechos Humanos, firmada por los miembros de las Naciones Unidas en 1948. Pero las palabras solas no alcanzan para que las personas sean libres e iguales.

En el transcurso de la historia, mujeres valientes de todo el mundo han llevado adelante la lucha por la justicia y la igualdad. Sus historias nos recuerdan que podemos usar la mente, la voz, los talentos y los recursos para luchar por la libertad y la igualdad para todos, todos los días.

La Constitución de los Estados Unidos no garantiza la igualdad de derechos en cuanto al género. Durante décadas, comenzando en la de 1970, las mujeres lucharon para que se hiciera una enmienda constitucional que garantizara la igualdad de derechos a todas las mujeres, pero no lo consiguieron.

Eleanor Roosevelt dijo que haber participado en la redacción de la Declaración Universal de Derechos Humanos fue su mayor logro.

Capítulo 1

MUJERES QUE INICIARON MOVIMIENTOS

Desde las sufragistas hasta las feministas actuales, las mujeres han luchado para poner fin a la discriminación. Las protestas que comenzaban con apenas unas pocas mujeres se convertían en movimientos nacionales que quienes estaban en el poder no podían pasar por alto. Estas mujeres comprendían que tenían más poder si estaban unidas. Sus marchas, convenciones y boicoteos cambiaron la nación.

Susan B. Anthony
(1820–1906)

El martillo retumbó. Se emitió el veredicto: culpable. El juez Ward Hunt declaró que Susan B. Anthony había cometido un delito al votar en las elecciones presidenciales. Le ordenó que pagara una multa de $100.

Susan B. Anthony, 1891

Anthony no se quedó callada cuando leyeron el veredicto. Se opuso a "las leyes hechas por los hombres, bajo un gobierno de hombres, interpretadas por los hombres para el beneficio de los hombres". Le dijo al juez Hunt: "La única forma que tienen las mujeres de obtener justicia en este país es quebrantando la ley, como lo he hecho yo, y como continuaré haciéndolo".

En su lucha por el derecho al voto, Anthony continuaba con una tradición familiar. Se crió en una familia cuáquera. Al igual que muchos cuáqueros, su familia apoyaba causas sociales como la abolición de la esclavitud y el movimiento por la templanza. La templanza buscaba limitar o poner fin a la venta de alcohol.

Anthony se desempeñó como maestra de 1839 a 1849. En ese período, participó en el movimiento por la templanza. Asistió a un mitin por la templanza que se hizo en Albany, New York, en 1852. Pero, como las mujeres no tenían permitido hablar en los mítines, le negaron la oportunidad de hablar. Poco después, Anthony formó la Sociedad de Templanza de la Mujer del Estado de New York.

Anthony nunca olvidó la experiencia que había tenido en el mitin de New York. Llegó a creer que nadie tomaría en serio a las mujeres en la política a menos que tuvieran el derecho a votar. Entonces, se asoció con Elizabeth Cady Stanton y en 1869 formaron la Asociación Nacional para el Sufragio de las Mujeres Estadounidenses.

Durante mucho tiempo, Anthony había apoyado la abolición de la esclavitud y la igualdad de derechos para los afroamericanos. Después de la Guerra Civil, la 15.ª Enmienda de la Constitución de los Estados Unidos otorgó el voto a los hombres negros, pero no a las mujeres de ninguna raza. Por eso, Anthony se opuso a la enmienda. Pensaba que su aprobación sería un obstáculo para el movimiento por el sufragio femenino.

Anthony trabajó incansablemente por los derechos de la mujer. Inició peticiones para que las mujeres obtuvieran el derecho a la propiedad y al voto. Dio discursos por todo el país para convencer a las personas de que apoyaran el derecho al voto femenino.

Anthony nunca abandonó la lucha por los derechos de la mujer e incluso se reunió con el presidente Theodore Roosevelt en 1905 para presionar por la aprobación de una enmienda constitucional. Anthony murió en 1906 y fue enterrada en Rochester, New York. Tuvieron que pasar 14 años más para que se aprobara la 19.ª Enmienda, que finalmente otorgó a las mujeres el derecho al voto. Cada vez que hay elecciones, las mujeres honran el compromiso de Anthony con el sufragio femenino. Visitan su tumba para dejar allí sus calcomanías de "Yo voté".

Eleanor Roosevelt, 1936

Eleanor Roosevelt
(1884–1962)

Cada vez que Eleanor Roosevelt no estaba de acuerdo con su esposo, tomaba una pluma y escribía sobre ello. No escribía un diario ni una carta que luego dejaría en la mesa de la cocina, sino una columna en un periódico, que leían millones de estadounidenses. Su esposo era el presidente Franklin Delano Roosevelt. Pero eso no impedía que Eleanor dijera lo que pensaba cuando creía que sus políticas no beneficiarían al pueblo estadounidense. Junto con su esposo, usó su posición de poder para luchar por la dignidad y los derechos humanos.

Anna Eleanor Roosevelt nació en la ciudad de New York el 11 de octubre de 1884. Su madre y su hermano murieron de una enfermedad bacteriana llamada difteria cuando Eleanor tenía ocho años. Su padre murió en un hospital psiquiátrico dos años después. Considerada el patito feo de la familia, Eleanor sufrió algunos períodos de depresión.

Eleanor se casó con Franklin Delano Roosevelt en 1905. A Franklin le diagnosticaron polio en 1921. A pesar de que la polio le causó parálisis en las piernas, ella lo animó a seguir en la política.

Como primera dama, Eleanor apoyó públicamente el trato igualitario de los ciudadanos afroamericanos. En repetidas ocasiones, se alejó de la tradición haciéndose amiga de personas negras y apoyándolas. Invitó a la cantante afroamericana Marian Anderson a cantar en varios eventos.

En 1939, Anderson empezaba a ganar popularidad como cantante y convocaba a gran cantidad de espectadores. El equipo que organizaba los conciertos de Anderson preguntó a las Hijas de la Revolución Estadounidense (DAR, por sus siglas en inglés) si podía usar el Constitution Hall en Washington D. C. para el siguiente espectáculo de Anderson porque allí entraban muchas personas. Pero como la DAR aplicaba la segregación, solo se permitían artistas blancos en el escenario. Eleanor no estaba de acuerdo con esa decisión. Así, consiguió que Anderson cantara en el Monumento a Lincoln. Y renunció a la DAR por su política de segregación tras haber sido miembro durante seis años. Eleanor explicó que renunciaba en rechazo a la segregación.

Durante la Segunda Guerra Mundial, animó a las mujeres a trabajar en las fábricas y apoyó el trabajo de los pilotos negros en las fuerzas armadas.

En los cuatro mandatos de su esposo como presidente, aprovechó su posición única para abogar por una vida mejor para todos los seres humanos.

Tras la muerte de Franklin en 1945, Eleanor continuó con su labor como figura pública y política. Fue designada presidenta de la Comisión de Derechos Humanos de las Naciones Unidas. Allí, participó en la redacción de la Declaración Universal de Derechos Humanos. La declaración se publicó en 1948. Fue una respuesta al genocidio de los judíos perpetrado por los nazis en la Segunda Guerra Mundial. Estableció las normas para el trato digno de todos los seres humanos y ha sido traducida a casi todas las lenguas escritas del mundo.

Eleanor Roosevelt fue una de las mujeres más influyentes del siglo XX.

Pauli Murray, 1971

Pauli Murray
(1910–1985)

A principios del siglo XX, el piso de la escuela para niños afroamericanos de Durham, Carolina del Norte, era de arcilla. En invierno, el viento se colaba por las grietas de las tablas de madera destartaladas. En verano, la pintura del edificio se descascaraba. La escuela de los niños blancos estaba hecha de ladrillos. Estaba rodeada de césped y los niños jugaban en hamacas y toboganes. En su infancia en Durham, Anna Pauline (Pauli) Murray sintió el doloroso contraste entre las dos escuelas. Dedicó su vida a luchar contra esa desigualdad de condiciones.

En 1939, Murray luchó para poder entrar en la Facultad de Derecho de la Universidad de North Carolina (UNC, por sus siglas en inglés), que solo era para blancos. Su campaña llamó la atención de la nación, pero Murray no pudo inscribirse en esa universidad, incluso después de enviar cartas al presidente de la institución, Frank Porter Graham, para preguntar por qué no la habían aceptado. Murray sí fue aceptada en la Facultad de Derecho de la Universidad de Howard. A esa universidad ubicada en Washington D. C. solo asistían negros.

Murray fue la única mujer y la mejor estudiante de la clase de la Universidad de Howard que se graduó en 1944. Fue aceptada en el programa de posgrado de la universidad, pero no quiso hacerlo. Trató de inscribirse en la Universidad de Harvard en 1944, pero fue rechazada debido a su género. Obtuvo un segundo título de posgrado en derecho en la Universidad de California y, en 1946, fue la primera afroamericana en ser ayudante del fiscal general de California.

En 1951, Murray fue contactada por la división de mujeres de la Iglesia metodista nacional. Querían que escribiera un breve estudio de las leyes de segregación de cada estado, para que las iglesias de toda la nación supieran lo que se establecía en cada uno. Su respuesta fue un libro de casi 750 páginas. El abogado Thurgood Marshall dijo que su libro, *States' Laws on Race and Color*, era la "biblia" de los abogados especializados en derechos civiles.

En 1961, Murray obtuvo un doctorado

OLEADAS

Por lo general, el movimiento feminista se divide en tres olas. La primera ola comenzó con el movimiento sufragista. Las mujeres del siglo XIX y de comienzos del siglo XX lucharon para conseguir el derecho al voto como modo de ganar poder político.

La segunda ola comenzó en la década de 1960. Las mujeres de esa época se concentraron en el lugar de trabajo, la sexualidad, la familia y los derechos reproductivos. Los debates principales giraron en torno al aborto y la igualdad salarial.

La tercera ola está sucediendo ahora. Las feministas de hoy día continúan luchando por estas cuestiones, y también por la igualdad de derechos de las mujeres de color, las mujeres de distintas orientaciones sexuales y los derechos humanos en general.

en Jurisprudencia en la Universidad de Yale. Fue la primera afroamericana en lograrlo. El presidente John F. Kennedy la incorporó a su Comisión sobre el Estatus de la Mujer.

Murray trabajó con reconocidos líderes del movimiento por los derechos civiles, como Martin Luther King Jr., pero criticaba la participación secundaria que se permitía a las mujeres. En 1966, cofundó la Organización Nacional de Mujeres (NOW, por sus siglas en inglés) junto a Betty Friedan.

En 1977, Murray se convirtió en la primera mujer afroamericana en hacerse sacerdotisa episcopal. Su labor entre bastidores a favor de la igualdad de derechos para las mujeres y los afroamericanos sentó una base sólida sobre la que se desarrollaron los movimientos por los que trabajó.

Betty Friedan (centro) lideró la Huelga de Mujeres por la Igualdad en la ciudad de New York en 1970. La huelga exigió el trato igualitario de las mujeres, la revocación de las leyes en contra del aborto y el derecho al cuidado infantil.

Betty Friedan
(1921–2006)

A Betty Friedan le encantaban los periódicos. Escribió una columna para el periódico de su escuela preparatoria. En la universidad Smith College, se hizo cargo del periódico del campus y duplicó la cantidad de veces que se imprimía. Sintió un vacío cuando tuvo que abandonar el periodismo para criar a sus hijos. Escribió acerca de lo sola que se sentía, pero los periódicos y las revistas no querían publicar ese tipo de artículos.

Friedan pensaba que las mujeres necesitaban hablar de lo que se sentía tener estudios, estar casada y no poder trabajar. Lo llamó "el problema sin nombre". Le puso un nombre en un libro llamado *The Feminine Mystique*. Allí Friedan arrojó luz sobre las dificultades de las mujeres que se sentían atrapadas en los roles domésticos tradicionales de esposa y ama de casa. El libro recibió una poderosa respuesta de parte de mujeres de todo el mundo.

El libro de Friedan fue solo el comienzo de su activismo. Cofundó la Organización Nacional de Mujeres (NOW). La organización abogaba por la igualdad en el trato, el salario y las oportunidades de las mujeres en el mercado laboral.

En el 50º aniversario de la enmienda por el sufragio femenino, Friedan lideró la Huelga de Mujeres por la Igualdad. La huelga exigía el trato igualitario de las mujeres, la revocación de las leyes en contra del aborto y el derecho al cuidado infantil. El primer libro de Friedan aún se considera el catalizador de la segunda ola del movimiento feminista.

> *Los hombres no son el enemigo, sino también víctimas. El verdadero enemigo es la denigración de las mujeres por parte de las propias mujeres.*
> —Betty Friedan

Gloria Steinem habló en la Marcha de las Mujeres del 21 de enero de 2017, al día siguiente a la investidura presidencial, en Washington D. C. La Marcha de las Mujeres fue una protesta mundial por políticas referidas a los derechos humanos.

Gloria Steinem

(1934–)

Gloria Steinem no logró completar un solo ciclo escolar hasta que cumplió 12 años. En los veranos, su padre administraba un salón de baile. En los meses más fríos, la familia viajaba de una ciudad a otra en un remolque mientras su padre vendía antigüedades a anticuarios por todo el país. A raíz de eso, Steinem no pudo tener una educación adecuada cuando era pequeña.

La infancia peculiar de Steinem la inspiró a luchar por los derechos de la mujer. La madre de Steinem,

Ruth Nuneviller, era una esposa devota que sentía que había renunciado a sus propios sueños para formar una familia. Experimentó largos períodos de tristeza. Al ver a Ruth luchar contra lo que ella llamaba un espíritu quebrantado, Steinem decidió ayudar a las mujeres a desafiar las limitaciones que les imponía la sociedad. Quería que las mujeres persiguieran sus sueños.

Steinem se graduó de la universidad Smith College en 1956, donde estudió Ciencias Políticas. En esa época, no era común que una mujer decidiera estudiar esa asignatura. Pero Steinem no quería una vida común. El matrimonio y la maternidad no eran importantes para ella. Al poco tiempo, Steinem se forjó una carrera como escritora. En 1963, publicó un artículo en el que reveló lo que ocurría en el Playboy Club de la ciudad de New York. Steinem trabajó allí de encubierto como camarera. Las camareras usaban un corsé muy revelador, tacones de tres pulgadas, orejas y cola de conejo. En su ensayo, "A Bunny's Tale", cuestionó los estándares de belleza, habló del acoso sexual y reveló el trabajo agotador y mal pagado que hacían las conejitas de este club glamoroso.

Steinem continuó informando sobre temas relacionados con las mujeres y comenzó a apoyar el feminismo desde un lugar políticamente activo. En 1971, contribuyó a la fundación de la Asamblea Política Nacional de Mujeres. Y en 1972, cofundó la revista *Ms.* El primer número tenía a la Mujer Maravilla en la tapa en homenaje al empoderamiento femenino. La revista trataba temas como la violencia doméstica, el aborto y las mujeres que estaban en la cárcel.

Steinem continúa defendiendo cuestiones relacionadas con la mujer. Da discursos sobre la igualdad por todo el mundo y organiza eventos feministas de mujeres.

Wangari Maathai, 2005

Wangari Maathai
(1940–2011)

Cerca de la casa de Wangari Maathai en Nyeri, Kenia, había un arroyo de agua cristalina de donde su familia sacaba agua para beber, lavar y regar. Maathai recuerda observar huevos transparentes de ranas en ese arroyo. Pero cuando regresó a su hogar al terminar la universidad, 10 años después, el arroyo se había secado y desaparecido, al igual que muchos otros recursos naturales de su país natal.

Maathai había estudiado Biología en la universidad Mount St. Scholastica College en Atchinson, Kansas. Maathai también hizo una maestría en la Universidad de Pittsburgh y un doctorado en Medicina Veterinaria en la Universidad de Nairobi. Sabía que el futuro económico de su país provenía de sus recursos naturales. Vio que los años de deforestación habían dejado a Kenia sin ríos ni cultivos. Junto con un pequeño grupo de mujeres, comenzó a plantar árboles. Empezaron con siete árboles. El movimiento creció. Maathai viajó por todo Kenia alentando a las mujeres a plantar árboles. Ella les explicó: "Si destruyen el bosque, el río dejará de correr, las lluvias se volverán irregulares, los cultivos fracasarán y ustedes morirán de hambre".

Las mujeres de Kenia respondieron y en 1977 se estableció el Movimiento Cinturón Verde. Maathai creó este movimiento para plantar árboles, generar ingresos y detener la erosión del suelo. También incorporó el empoderamiento de la mujer. Hoy, el Movimiento Cinturón Verde ha plantado más de 51 millones de árboles en África. La organización ha ayudado a más de 900,000 mujeres.

En 2004, Maathai se convirtió en la primera mujer africana en ganar el Premio Nobel de la Paz.

Se lo otorgaron por su trabajo con el desarrollo sustentable, la democracia y los derechos de la mujer. En 2009, Ban Ki-moon, el secretario general de las Naciones Unidas, nombró a Maathai Mensajera de la Paz de la ONU. Obtuvo este título gracias a su misión de mejorar la vida de los demás.

Maathai fundó la Iniciativa de las Mujeres Premio Nobel con otras seis ganadoras del Nobel de la Paz para expandir la visibilidad de la mujer a nivel internacional, en un trabajo enfocado en la paz, la justicia y la igualdad. Una vez ella dijo: "Nos llaman para ayudar a la tierra a sanar sus heridas y, en el proceso, a sanar las nuestras".

Hasta el año 2017, cerca de 900 personas recibieron un Premio Nobel. Solo 48 eran mujeres.

Capítulo 2

MUJERES QUE ESCRIBIERON LA VERDAD

Algunas mujeres encabezan gobiernos. Otras lideran protestas. Y algunas luchan por la justicia mediante sus obras creativas. Los ensayos, la música, las novelas y las obras de teatro permiten a los artistas explorar nuevas ideas y presentarlas a un amplio público.

Simone de Beauvoir
(1908–1986)

Simone de Beauvoir estaba obsesionada con las caminatas. Por lo general, salía a caminar por las colinas de Marsella, Francia, con algunas bananas y bollos dentro de una canasta. Caminaba sola. Muchas veces, regresaba cinco, seis o incluso 10 horas después. Su amor por las caminatas solitarias no era común para una mujer de su época. Y no era lo único poco común de su vida.

Simone de Beauvoir se crió en una familia estrictamente católica. Durante años, planeó ser monja.

Simone de Beauvoir, 1949

Empezó su educación en una escuela católica para niñas. Más adelante, decidió estudiar y enseñar Filosofía.

En 1929, de Beauvoir obtuvo un título de grado de la prestigiosa Universidad de la Sorbona en París. Habiendo sido la persona más joven en aprobar el examen de Filosofía, famoso por su dificultad, también fue la profesora de Filosofía más joven de Francia.

Mediante sus cuentos, novelas y ensayos, Simone se volvió una famosa feminista, filósofa y revolucionaria. Ejerció una profunda influencia en la escena intelectual de Francia. Su libro más famoso, *The Second Sex*, fue una crítica de 1,000 páginas contra la dominación masculina de la mujer en el transcurso de la historia. Publicado en 1949, uno de los postulados principales del libro de Beauvoir era que criarse como mujer tenía un impacto mucho mayor de lo que se creía. No solo había diferencias legales, como el hecho de que las mujeres no tuvieran derecho a abrir su propia cuenta bancaria

hasta 1965, sino diferencias más profundas que se experimentaban día a día. Simone de Beauvoir es aclamada como una de las primeras pensadoras feministas y una de las más influyentes del siglo xx.

bell hooks
(1952-)

Cuando la escritora y activista bell hooks abandonó su hogar en la zona rural de Kentucky cuando era adolescente, no tenía intención de volver. Hopkinsville, Kentucky, era un pueblo pequeño y segregado. Allí debía ser una jovencita callada y obediente. Pero ella se atrevió a alzar la voz. No podía quedarse sin decir nada sobre el sexismo y el racismo que veía en el mundo.

A los 10 años, ya había empezado a escribir poesía. Cuando empezó a publicar su trabajo, pensó que necesitaba un seudónimo. Usó el nombre de su abuela, Bell Hooks, aunque decidió hacerlo sin mayúsculas.

Pensaba que las minúsculas servían para poner el foco en su mensaje en lugar de en sí misma.

Después de terminar la escuela preparatoria, hooks asistió a la Universidad de Stanford en California, donde estudió Lengua Inglesa. En medio de sus estudios a tiempo completo y un trabajo como operadora telefónica, hooks empezó a escribir un libro. Después de varios borradores y mucho trabajo, *Ain't I a Woman* fue publicado en 1981. Lo escribió con un estilo fácil e identificable. El lenguaje que usa hooks no es metafórico y es fácil de interpretar. Ella quería que fuera lo bastante fácil para que la gente se sintiera capaz de entender su poesía. En sus libros infantiles, poemas y textos académicos, defiende a aquellos que no tiene en cuenta la sociedad. En especial, defiende fervorosamente a las mujeres negras. Afirma que el movimiento feminista suele dejarlas afuera.

Desde entonces, hooks ha publicado

bell hooks, 1985

más de 30 libros sobre raza, género, clase, educación, medios de comunicación y feminismo. Ha dado charlas y participado en eventos en todo el mundo. Antes, hooks pensaba que nunca podría volver a Kentucky. Pero, en 2014, fundó allí el Instituto bell hooks. El instituto reúne a académicos y pensadores que estudian cuestiones de origen étnico, clase y género. Y en la tierra fértil de Kentucky, hooks planta árboles y rosas trepadoras blancas, un tipo de rosa cultivada por las mujeres de su familia durante generaciones.

Joan Jett
(1958–)

Cuando Joan Jett tomó su primera guitarra en 1972, no era muy común que las mujeres fueran estrellas de rock. Su profesor de guitarra le dijo que las mujeres no podían tocar *rock and roll*. Jett estaba dispuesta a demostrarle que estaba equivocado.

Ingresó a la industria musical a los 15 años y, en 1975, cofundó la banda *punk-pop* The Runaways. Cuando los miembros de The Runaways se separaron en 1979, Jett enfrentó muchas dificultades para continuar como solista. La rechazaron más de 23 compañías discográficas. Entonces, ella y el productor Kenny Laguna decidieron crear su propio sello. Blackheart Records comenzó en 1980. Esta decisión la convirtió en la primera artista de rock femenina en ser dueña y tener el control de una compañía discográfica independiente. Eso allanó el camino para el éxito fenomenal de su banda, The Blackhearts.

Su álbum, *I Love Rock 'n' Roll*, lanzado en noviembre de 1981, fue un éxito inmediato. Las versiones de Jett de canciones clásicas como "I Love Rock 'n' Roll" y "Crimson and Clover" fueron muy populares. Las canciones originales de Jett, como "Bad Reputation" y "I Hate Myself for Loving You", se convirtieron en clásicos.

Muchos consideran que Jett inspiró el movimiento *riot-grrrl* en la década de 1990. Un grupo de unas doce bandas *punk* conformadas solo

Joan Jett dio un discurso de aceptación después de que la incluyeran en el Salón de la Fama del Rock and Roll *en 2015.*

por mujeres impulsaron la idea de que las mujeres debían hacer, distribuir y controlar su propio arte. Publicaban revistas *under* muy realistas para unir y empoderar a las jóvenes cuando aún no existía Internet. Organizaban reuniones para tratar de poner fin a cuestiones como la homofobia, la discriminación por el peso, el sexismo, el racismo y la violencia física y emocional contra la mujer.

A Joan Jett la incluyeron en el Salón de la Fama del Rock and Roll en 2015.

Alison Bechdel

(1960-)

Alison Bechdel ha participado en muchas protestas y manifestaciones políticas, pero también conoce lo que es protestar a solas, como artista, en su estudio. Sus memorias gráficas e historietas presentan las experiencias de las mujeres lesbianas en una sociedad en la que aún se lucha por los derechos LGBTQ.

Bechdel estudió Arte en la universidad; primero, en Simon's Rock College en Massachusetts y, luego, en Oberlin College en Ohio. Poco después de pasarse a Oberlin, Bechdel comunicó a sus padres que era lesbiana. Le preocupaba la reacción que ellos podrían tener, en especial, su padre. Así que les envió una carta. Bruce Bechdel sorprendió a su hija, ya que se mostró contento con la noticia. Resultó ser que él había tenido varias relaciones homosexuales. La madre de Bechdel, Helen, le pidió el divorcio al poco tiempo. Pero unos meses después, a Bruce lo atropelló un automóvil y murió.

Tras graduarse en Oberlin en 1981, Bechdel empezó a dibujar historietas. Había dibujado las primeras en los márgenes de las cartas que escribía a sus amigos. La publicación *WomaNews* publicó su primera tira cómica. Se llamaba "Dykes to Watch Out For". La tira enseguida consiguió muchos seguidores. Dos años después, empezó a distribuirse a distintos medios y publicarse en periódicos de todo el país. La tira tuvo tanto éxito que en la década de 1990 ya se había convertido en el trabajo a tiempo completo de Bechdel.

En una de las historietas de "Dykes to Watch Out For", un personaje explica que ella solamente va al cine si la película cumple con tres requisitos: debe tener al menos dos mujeres; esas mujeres tienen que hablar entre ellas; y la conversación no tiene que ser sobre un hombre. El método de evaluar películas ahora se llama test de Bechdel. Un sorprendente número de películas conocidas no pasan esta prueba. La han citado académicos y críticos de cine como una forma de evaluar la representación de las mujeres en las películas.

En 1998, Bechdel comenzó a escribir *Fun Home: A Family Tragicomic*. La novela gráfica abordaba la relación con su padre y su muerte. Cuando se publicó en 2006, tuvo una calurosa acogida. Luego lanzó *Are You My Mother?* en 2012. Al año siguiente, *Fun Home* fue adaptada para realizar un musical. Debutó en Broadway en 2015 y fue un éxito. *Fun Home* ganó varios premios Tony e incluso fue nominada a un premio Pulitzer. Las mujeres

Alison Bechdel, 2017

lesbianas no suelen figurar en la cultura popular. Las obras pioneras de Bechdel muestran a las mujeres lesbianas desde puntos de vista realistas y significativos, dentro de una sociedad que muchas veces no las tiene en cuenta.

Roxane Gay, 2016

Roxane Gay
(1974–)

En *World of Wakanda*, parte
de la serie *Pantera Negra* de Marvel
Comics, un cuerpo de guerreras mujeres
muy bien entrenadas, las Dora Milaje,
protege a la familia real. A la cabeza
de las guardaespaldas de élite están
Ayo y Aneka, dos guerreras negras
que tienen una relación sentimental
entre ellas. Por primera vez en la historia
de Marvel, la autora de una serie fue
una mujer afroamericana: la escritora
y editora feminista Roxane Gay.

Gay es una guerrera por mérito
propio. Es una autora de libros muy
admirada y escribe para el periódico
The New York Times, donde suele
abordar temas como el sexismo,
el racismo y otros problemas
de la sociedad. Hizo una maestría
en Escritura Creativa en la Universidad
de Nebraska-Lincoln y un doctorado
en Retórica y Comunicación Técnica
en la Universidad Tecnológica
de Michigan.

Al terminar su doctorado, Gay publicó una colección de cuentos llamada *Ayiti*. En agosto de 2014, se mudó a Indiana para dar clases en el Departamento de Escritura Creativa de la Universidad Purdue. En ese entonces, Gay publicó su novela debut, *An Untamed State*, y una colección de ensayos llamada *Bad Feminist*. En 2017, se publicó una selección de cuentos de Gay bajo el título de *Difficult Women* y un libro de memorias, *Hunger*. En este último, Gay abordó directamente el abuso sexual que sufrió de joven y cómo lidió con él.

En todas sus obras, Gay lucha contra los estereotipos y las limitaciones que la sociedad impone a las mujeres y personas de color. Pone en evidencia las amenazas y los peligros que enfrentan las mujeres y personas de color todos los días. Y cuenta historias que permiten a las mujeres y personas de color verse como son en realidad: vulnerables y a la vez poderosas.

"Las personas quieren poder verse a sí mismas —dice ella—. Es importante mostrar distintas formas de vivir y moverse por el mundo, distintos tipos de cuerpos, de orígenes y culturas. No somos todos iguales y eso no tiene nada de malo".

Cuando no encuentras a nadie a quien seguir, tienes que buscar la manera de ser tú quien da el ejemplo.

—Roxane Gay

Chimamanda Ngozi Adichie, 2016

Chimamanda Ngozi Adichie
(1977–)

La misa había terminado. Ya se habían apagado las velas y el olor a incienso había desaparecido. Los padres de Chimamanda Adichie estaban esperando. Las demás familias se habían ido a su casa, pero su pequeña hija tenía preguntas importantes para hacer al sacerdote, así que la esperaron. Su paciencia rindió frutos.

Chimamanda se convirtió en una novelista que hacía preguntas difíciles a la sociedad nigeriana y, luego, al mundo entero. A los 19 años, llegó a los EE. UU. gracias a una beca para estudiar Comunicación en la Universidad Drexel en Philadelphia. Luego se graduó con los máximos honores en la Universidad Estatal de Connecticut del Este (ECSU, por sus siglas en inglés), donde estudió Comunicación y Ciencias Políticas. Mientras estudiaba allí, escribía para la revista literaria de la universidad y empezó su primera novela, *Purple Hibiscus*, que trataba sobre la vida en Nigeria. Se publicó en 2003, cuando ella tenía 26. También hizo una maestría en Escritura Creativa en la Universidad Johns Hopkins y otra en Estudios Africanos en la Universidad de Yale.

Su segunda novela, *Half of a Yellow Sun*, que abordaba la guerra en Biafra (1967–1970), una lucha por la libertad entre Biafra y Nigeria, se publicó en el Reino Unido y luego en los EE. UU.

Adichie fue miembro del cuerpo docente de la Universidad de Princeton y recibió una beca de investigación que le permitió terminar su tercera novela, *Americanah*. Es un relato acerca de una familia y la inmigración, ambientada en Nigeria y New Jersey. En sus obras, pone la vida de las mujeres, los inmigrantes y las personas de color en primer plano. Es importante poner el foco en sus experiencias porque la cultura dominante suele minimizarlas.

Adichie ha usado su fama como escritora para apoyar causas feministas y de justicia social. En 2012, Adichie dio una charla TED llamada "We Should All Be Feminists", en la que explicó los argumentos a favor de la igualdad de género y afirmó que tanto hombres como mujeres deberían ser feministas. Luego dio otra charla llamada "The Danger of a Single Story", que anima a aceptar historias de muchas culturas distintas. Sus charlas atraen a millones de espectadores. Mediante el poder de sus palabras, Adichie pide a las personas que cuestionen los valores, los estereotipos y las limitaciones que han considerado intocables durante demasiado tiempo.

Claudia Rankine, 2014

Claudia Rankine
(1963–)

La poeta Claudia Rankine recuerda el momento exacto en que algo político se despertó en su interior. En 1991, en Los Angeles, un hombre afroamericano llamado Rodney King fue perseguido por coches de policía por exceso de velocidad. Cuando finalmente lo alcanzaron, cuatro oficiales lo golpearon y patearon brutalmente mientras los demás se quedaron mirando. Los oficiales le quebraron huesos y le causaron daño cerebral permanente. . . y todo el episodio quedó capturado en video. Los cuatro oficiales fueron llevados a juicio. Rankine recuerda cuando esperaba ansiosa la transmisión por televisión del veredicto. Y rompió en llanto cuando oyó las palabras: inocentes.

"De pronto, me sentía de otro planeta —dijo ella—. Creo que no lo comprendía ni nunca antes me había sentido tan vulnerable. Porque creo que, antes de eso, de alguna forma siempre creí en el sistema judicial, a pesar de conocer su historia".

Rankine nació en Kingston, Jamaica, y se mudó a los EE. UU. cuando tenía siete años. Tras recibir un título de grado del Williams College de Massachusetts y haber hecho una maestría en Poesía en la Universidad de Columbia, publicó cinco volúmenes de poesía y varias obras de teatro. Además, editó varias colecciones de ensayos y poemas. Sus poemas entrelazan imágenes y palabras. Y en muchas de sus obras, ha confrontado el problema del racismo en los EE. UU.

Su volumen de poesía más famoso, *Citizen*, comprende una serie de encuentros en los que personas blancas dicen o hacen algo que denigra a una persona negra. Los encuentros individuales se van acumulando. Después de un tiempo, los lectores logran tener una idea del agotamiento experimentado por las personas de color en una cultura racista. Ella no teme escribir acerca del luto y el miedo que sienten quienes viven en un país donde la esclavitud, los linchamientos, la pobreza y la brutalidad policial han amenazado la vida de los negros durante siglos.

Los poemas de Rankine son hermosos incluso cuando los temas que exploran son dolorosos. Por su audaz trabajo, le han otorgado el premio Los Angeles Book, una beca Guggenheim y una beca MacArthur, entre muchas otras distinciones.

Capítulo 3

MUJERES QUE HAN PLANTADO CARA AL PODER

Cuestionar leyes o a personas poderosas puede ser peligroso. Pero hay mujeres que sí lo hicieron, muchas veces, poniendo su seguridad en grave peligro. Son unas de las mujeres más valientes del mundo. Sus acciones cambiaron modos de pensar, leyes y culturas para bien.

Sojourner Truth
(1797–1883)

Hay pocas mujeres en la historia de los EE. UU. que hayan enfrentado a tantas figuras de poder como Sojourner Truth. Desafió al hombre que la esclavizó y que luego no cumplió su promesa de liberarla. Se paró frente a un juez y expuso sus argumentos para recuperar a su hijo de cinco años. Y dio un discurso impactante en una convención por los derechos de la mujer, donde dijo que las mujeres negras merecían el voto tanto como las mujeres blancas.

Nacida en la esclavitud con el nombre Isabella en 1797, Sojourner Truth fue sometida a tales niveles de violencia y crueldad que tuvo que escapar

Sojourner Truth, 1864

con solo su bebé, Sophia. Con la ayuda de una pareja abolicionista, los Van Wagenan, le ganó al dueño de una plantación la custodia de su hijo, Peter. Fue la primera mujer negra en enfrentarse a un hombre blanco en un tribunal y ganar.

Truth tuvo una profunda experiencia religiosa y se hizo metodista. Comenzó a viajar como predicadora abolicionista y decía: "Los espíritus me llaman, y yo debo ir". Durante ese período, le dictó relatos a Olive Gilbert, que los escribió como parte de un libro llamado *The Narrative of Sojourner Truth: A Northern Slave.*

A Truth se la conoce principalmente por "Ain't I A Woman?", un discurso feminista y abolicionista que dio durante la Convención por los Derechos de la Mujer de Ohio en 1851. El discurso reclamaba el trato igualitario de las mujeres y los ciudadanos negros. Era una opinión controvertida en esa época. Habló muchas veces más en otras convenciones y también viajó

con el fin de reclutar soldados negros para que sirvieran en el Ejército de la Unión. Se esforzó mucho para mejorar la vida de las personas que habían sido liberadas e incluso encabezó una campaña para persuadir al Congreso de entregar tierras a quienes habían estado esclavizados. Sigue siendo una figura destacada entre quienes lucharon por la libertad y la igualdad de derechos para los afroamericanos y las mujeres.

Rosa Parks
(1913–2005)

Rosa Parks ya había visto a este conductor de autobús. James Blake tenía la costumbre de pedir a los pasajeros afroamericanos que pagaran su boleto en el frente del autobús y después les pedía que se bajaran y volvieran a subir por la puerta de atrás. Cuando se bajaban, arrancaba a toda velocidad y los dejaba en medio de una nube de humo. Cuando Rosa

Rosa Parks (centro) fue una de las primeras personas en viajar en los nuevos autobuses integrados de Montgomery, Alabama, en 1956.

Parks vio a Blake, sabía que habría problemas. Y decidió que ese día era momento de resistirse.

Rosa Parks venía de una familia de activistas. Sus padres habían sido esclavos y abogaban fervorosamente por la igualdad racial. A los 30 años, comenzó a participar activamente en la Asociación Nacional para el Progreso de las Personas de Color (NAACP, por sus siglas en inglés). La organización luchaba contra las injustas leyes segregacionistas de los estados sureños.

En 1955, Parks y la NAACP se enteraron de que una adolescente llamada Claudette Colvin se había rehusado a levantarse de su asiento en el frente de un autobús en Montgomery, Alabama. La resistencia de Colvin inspiró a Parks. El 1 de diciembre de ese año, cuando Parks salió de su trabajo de costurera, se sentó en la parte media del autobús. Le pidieron que diera su asiento a un hombre blanco porque los asientos del frente ya estaban ocupados, pero ella se rehusó. El conductor del autobús llamó a la policía y Parks fue arrestada.

La NAACP llevó la noticia a los periódicos. Organizaron un boicot a los autobuses de Montgomery. El 5 de diciembre, Parks fue declarada culpable de no respetar las leyes segregacionistas. Pero esta injusticia despertó el enojo de los ciudadanos negros de Montgomery. Las personas negras boicotearon los autobuses. Caminaron, compartieron carros y tomaron taxis. No dieron el brazo a torcer. El boicot a los autobuses de Montgomery duró 381 días. Las grandes pérdidas económicas iban en aumento, por lo que Montgomery no tuvo más alternativa que eliminar sus leyes segregacionistas en los autobuses públicos.

Parks sufrió por su papel en el boicot. Tanto ella como su esposo perdieron su trabajo. Como recibían muchas amenazas de muerte, terminaron mudándose a Detroit, Michigan. Allí, Parks consiguió un empleo en la oficina del congresista John Conyers Jr. Continuó apoyando causas de derechos civiles y hoy es considerada una de las inspiraciones más importantes del movimiento por los derechos civiles.

En 1956, un tribunal de distrito de los EE. UU. dictaminó que la segregación en los autobuses de Montgomery, Alabama, era inconstitucional, citando la decisión de la Corte Suprema en Brown contra la Junta de Educación.

Barbara Walters

(1929–)

La escena: un club nocturno llamado
Latin Quarter que está muy de moda.
Un sinfín de artistas, incluidos cantantes
como Frank Sinatra y estrellas de cine
como Mae West, se pasean por el club.
Arriba, en la sala de control, la hija
del dueño del club está sentada
en un rincón leyendo un libro.
Está acostumbrada a las celebridades.
Unas décadas después, Barbara Walters
vuelve a estar rodeada de ricos
y famosos. Esta vez ella les presta
toda su atención, porque están
en su programa de televisión, 20/20.

Walters se graduó de la universidad
Sarah Lawrence College en 1953
tras estudiar Lengua Inglesa. Primero
trabajó de secretaria y después obtuvo
un puesto en WRCA-TV, donde
aprendió a investigar, escribir y hacer
tareas de producción. En 1974, Walters
era la coconductora de *Today Show*
en NBC, donde se resistió a la presión
para que centrara los contenidos

Barbara Walters, 2008

en temas ligeros destinados a mujeres.
En 1962, insistió en cubrir una historia
que la llevaría a la India y Pakistán
con la primera dama Jacqueline
Kennedy. En 1972, Walters fue una
de las periodistas elegidas para
acompañar al presidente Nixon
en su viaje a China.

En 1976, Walters fue la primera mujer en coconducir el noticiero de la noche. Firmó un contrato con *ABC World News Tonight* que la convirtió en la mujer mejor pagada de la industria. Su salario anual era de $1 millón. Walters ganó un total de 13 premios Emmy. También ganó un premio Peabody por un episodio de *20/20*.

Walters, una periodista inteligente y perspicaz, entrevistó a todos los presidentes y las primeras damas desde Richard y Pat Nixon hasta Barack y Michelle Obama. También entrevistó a Colin Powell, Fidel Castro y Katherine Hepburn, y al primer ministro israelí Menachem Begin junto al presidente egipcio Anwar Sadat. Nunca tuvo miedo de hacer preguntas difíciles.

De 1997 a 2014, Walters coconduujo *The View*. Tras una carrera de cinco décadas, se retiró en 2014, pero continuó con sus entrevistas anuales "Most Fascinating People" hasta 2015. Fue una pionera y, con su trabajo, rompió varios techos de cristal en la industria televisiva. Debido a su gran esmero por ser tomada en serio como periodista, allanó el camino para las periodistas mujeres de la generación siguiente.

Charlene Teters
(1952–)

Cuando la Universidad de Illinois ofreció a Charlene Teters un lugar en su posgrado de Arte, ella se sintió inmensamente honrada. Ya tenía una licenciatura en Arte del College of Santa Fe, en New Mexico. Como miembro de la tribu spokane, la seleccionaron porque su arte celebraba su herencia indígena norteamericana. Pero cuando llegó al campus de Urbana-Champaign, se vio rodeada de imágenes negativas de un jefe indígena norteamericano estampadas en prendas de vestir, tazas y hasta papel higiénico.

Luego fue a ver un partido en el que un estudiante blanco

interpretaba a un jefe indígena norteamericano. La mascota del equipo hizo un baile irrespetuoso. Teters se disgustó mucho con el espectáculo. En respuesta, empezó a pararse afuera de los eventos deportivos sosteniendo en silencio un cartel que decía: "Los indígenas norteamericanos son humanos, no mascotas". Asumió como vicepresidenta de la Coalición Nacional por el Racismo en los Deportes y los Medios. La organización busca convencer a los equipos deportivos, en especial, los de las universidades, de que está mal usar estereotipos indígenas norteamericanos como mascotas. Además, quieren eliminar el mal uso de los símbolos indígenas. Gracias a su compromiso, en 1997, Peter Jennings nombró a Teters "Persona de la Semana" en *ABC World News Tonight*.

Charlene Teters, 2011

Teters también fue editora principal de la revista *Native Artist* y ocupó el cargo de Hugh O. LaBounty Endowed Chair of Interdisciplinary Knowledge en la Universidad Politécnica del Estado de California. Fue la primera artista en residencia del Museo Estadounidense de Historia Natural de la ciudad de New York. Actualmente vive en Santa Fe, New Mexico, donde es profesora de Arte en el Instituto de Arte Indígena Norteamericano. Un documental

LA CONTROVERSIA DE LAS MASCOTAS

Muchos equipos deportivos han usado palabras e imágenes de indígenas norteamericanos en su nombre y como mascotas. El equipo Washington Redskins es uno de los más conocidos. Las personas de origen indígena señalan que el término, que significa "pieles rojas", es ofensivo. Sin embargo, el dueño del equipo, Dan Snyder, dice que nunca va a cambiar el nombre, que, según él, transmite honor, respeto y orgullo. Y muchos viejos seguidores también se oponen al cambio. No les parece que el nombre sea ofensivo y prefieren que su equipo siga igual.

Hay otros términos más generales que también son controvertidos, como "Chiefs" ("jefes"), "Braves" ("jefes pieles rojas") y "Warriors" ("guerreros"). Estos nombres se usan no solo en los deportes profesionales, sino también en los equipos de escuelas preparatorias y ligas infantiles de todo el país.

Sylvia Tamale
(1967–)

En 2003, el periódico más importante de Uganda, *The New Vision*, hizo una pregunta a sus lectores: ¿quién era la peor mujer del país? Su respuesta: Sylvia Tamale. Ella se había atrevido a hablar en contra de valores africanos tradicionales. Había defendido la igualdad de derechos de las mujeres y los ciudadanos LGBTQ de Uganda. Eso la convirtió en una amenaza para el modo de vida arraigado que muchas personas querían conservar.

¿Cómo respondió Tamale al anuncio? Se volvió "un pato sonriente",

de PBS acerca de su activismo la llamó la "Rosa Parks de los indígenas norteamericanos".

dice ella. Dejó que el insulto le resbalara y continuó luchando por el trato igualitario de todos los habitantes de Uganda.

Cuando se hizo la encuesta en el periódico, Tamale era profesora de la Universidad Makerere, la universidad más respetada del país. Antes de eso, Tamale cursó una licenciatura en Derecho y luego hizo una maestría en Derecho en la Facultad de Derecho de Harvard. En 1997, terminó un doctorado en Sociología y Estudios Feministas en la Universidad de Minnesota.

En 2000, Tamale publicó su primer libro, *When Hens Begin to Crow: Gender and Parliamentary Politics in Uganda*. Escribió artículos académicos y periodísticos. Habló en reuniones políticas y en los medios. Sobre todo, usó su cargo en la universidad para educar a los estudiantes que liderarían a generaciones futuras. Defendió a aquellos que ella pensaba que no tenían voz: las personas gays y lesbianas, las mujeres que sufren violencia doméstica, los refugiados y las estudiantes que han sufrido violencia sexual en el campus.

Sylvia Tamale, 2010

En 2004 fue la primera mujer decana de la Facultad de Derecho de la Universidad de Makerere. Tamale permaneció en ese cargo hasta 2008. También fue miembro del senado universitario, donde presionó a la facultad para que implementara una política para combatir el acoso sexual. Makerere fue una de las primeras universidades africanas en implementar una política como esa. Muchas otras universidades africanas siguieron su ejemplo. Tamale ha llegado a ser considerada una importante académica feminista.

Caryl Churchill
(1938–)

Cuando bajan las luces y se levanta el telón, los miembros del público son testigos del mundo en el escenario. Si la obra es muy buena, quizás salgan del teatro sintiéndose distintos de cuando entraron. Pueden ver su propia vida, y el mundo en general, de otra forma. Tras ser testigos de problemas y posibilidades, los espectadores sienten que pueden convertirse en los que cambian las cosas. La dramaturga Caryl Churchill ha pasado su vida creando obras que exponen ingeniosamente los problemas que enfrentan las mujeres en la sociedad.

Su carrera como autora teatral comenzó cuando estudiaba Literatura Inglesa en Lady Margaret Hall, una facultad de mujeres en la Universidad de Oxford. Durante ese período, escribió sus primeras tres obras: *Downstairs*, *Having a Wonderful Time* e *Easy Death*. Las tres obras fueron producidas y representadas por compañías teatrales de Oxford, y *Downstairs*, su primera obra, fue premiada en el Festival de Teatro de la Asociación Nacional de Estudiantes del *Sunday Times*. Churchill se graduó en 1960 y se quedó en Londres.

En las décadas de 1960 y 1970, escribió obras de radio y televisión para la BBC. En 1974, fue la primera mujer designada Dramaturga Residente del Royal Court Theatre.

La gran cantidad de obras escritas por Churchill cuestionan los roles establecidos para la mujer.

Exponen las formas en que
la sociedad entrena a los hombres
para dominar a las mujeres
y a una raza para dominar a otra.
Su trabajo muestra los modos
en que las personas pueden desafiar
las expectativas y los tratos
injustos. Como sus obras suelen
tener formas innovadoras, abren
los ojos al público a otras
posibilidades, tanto en el teatro
como en la sociedad.

Churchill ha recibido tres premios
Obie, un premio Society of West
End Theatre, un premio Laurence
Olivier/BBC a la mejor obra nueva,
un premio Richard Hillary Memorial
y el premio *Evening Standard*
para la mejor comedia del año.
En 2010 Churchill ingresó al Salón
de la Fama del Teatro Estadounidense.

Caryl Churchill, 1983

Capítulo 4

MUJERES A QUIENES PRESTAR ATENCIÓN

¡Cuidado, mundo! Estas jóvenes son parte de una nueva generación de guerreras de la justicia social. Están cuestionando la desigualdad y tratando de mejorar las condiciones de vida y de trabajo en todo el mundo.

Alicia Garza
(1981–)

Al igual que millones de estadounidenses, la guerrera de la justicia social Alicia Garza estaba esperando el veredicto. Habían asesinado a un muchacho afroamericano desarmado, y parecía que toda la nación estaba a la espera del resultado del juicio de su asesino. Entonces llegó la noticia: inocente. No habría ningún responsable por la muerte de Trayvon Martin.

Garza dijo que el veredicto fue como "un puñetazo en el estómago". Le recordó las miles de veces en la historia de los EE. UU. en que personas blancas asesinaron a jóvenes negros y no recibieron castigo alguno. Expresó sus emociones en Facebook,

Alicia Garza, 2016

usando la frase que ahora es famosa: *"Black lives matter"*, o "la vida de los negros importa". La frase se volvió popular. En toda la nación, personas indignadas protestaban y reclamaban que se terminara la violencia contra los afroamericanos. Debido a esto, Garza, junto con Patrisse Cullors y Opal Tometi, canalizaron ese enojo y comenzaron el movimiento Black Lives Matter para mejorar la vida de los afroamericanos.

El activismo de Garza comenzó en su estado natal, California, donde era la directora de Personas Organizadas para Obtener Derechos de Empleo en la zona de la bahía de San Francisco. Allí, luchó contra la tendencia a la gentrificación. La gentrificación ocurre cuando personas adineradas compran casas en barrios donde viven familias de bajos recursos. Esta tendencia sube el costo de las viviendas y obliga a las familias pobres a irse de la zona.

Garza también ha luchado contra el uso excesivo de la fuerza por parte de los oficiales de policía. En 2014, un joven afroamericano llamado Michael Brown murió de un disparo hecho por un policía blanco. Fue uno de una serie de incidentes en los que la policía había matado a afroamericanos basándose en sospechas, no pruebas. El cuerpo de Brown quedó en una calle de Ferguson, Missouri, durante cuatro horas y media. No se responsabilizó a nadie por su muerte; entonces, hubo protestas en todo el país. Garza encabezó una protesta para detener el metro de San Francisco durante cuatro horas y media, el tiempo que Michael Brown había pasado en la calle. También encabezó el Viaje de la Libertad hacia Ferguson, Missouri, el cual dio origen a secciones de Black Lives Matter en todo el país.

En la actualidad, intervienen más de 20 secciones de Black Lives Matter para poner fin a la violencia contra las personas negras en todo el mundo.

> **" Pienso que una sociedad no será libre si las mujeres de esa sociedad no son libres. ''**
>
> —Manal al-Sharif

Manal al-Sharif

(1979–)

A Manal al-Sharif la arrestaron, la hicieron desnudarse para registrarla y la encarcelaron. Cuando fue liberada, perdió su trabajo. Sufrió amenazas de muerte. Y fue obligada a abandonar su país natal. ¿Qué delito le había valido semejante castigo? Se atrevió a conducir un auto en Arabia Saudita.

En 2011, la ley prohibía que las mujeres condujeran

Manal al-Sharif, 2012

sin licencia, y estaba prohibido otorgar licencias a las mujeres. Sin embargo, al-Sharif se puso detrás del volante y condujo un automóvil. Lo hizo como forma de protesta. Filmó su acto de rebeldía y lo subió a Internet. En cuestión de horas, la vieron cientos de miles de personas.

Al-Sharif ya había logrado mucho. Con el permiso de su padre, había estudiado Informática en la Universidad Rey Abdulaziz. No habría podido estudiar allí sin su permiso. En 2002, empezó a trabajar en la compañía petrolera nacional, Aramco. Las mujeres tenían permitido conducir dentro del complejo de la compañía, por lo que su hermano le enseñó. Se casó con un compañero de trabajo y tuvo un hijo, pero su esposo la maltrataba. Se divorciaron después de que él insistiera en que ella dejara de trabajar. En Arabia Saudita, el padre se queda con la custodia de los hijos al divorciarse.

En 2009, al-Sharif viajó a los Estados Unidos por un programa de intercambio laboral. Obtuvo su licencia de conducir y rentó su propio apartamento. Tras su regreso a Arabia Saudita un año después, quiso luchar para que las mujeres tuvieran más libertad. En 2011, supo que la prohibición de conducir para las mujeres no era ley, pero las mujeres no tenían permitido obtener licencias, por lo que no podían conducir legalmente. Fue entonces que desafió la ley y se filmó conduciendo un automóvil.

Instó a las mujeres sauditas que tuvieran licencias internacionales a conducir automóviles el 17 de junio, que ella declaró el "Women2Drive Day". Pero antes de ese día, arrestaron y encarcelaron a al-Sharif. La noticia desencadenó un reclamo internacional para que la liberaran. Quedó libre después de nueve días.

Al-Sharif volvió a casarse. Tiene otro hijo y vive en Australia. No ha podido volver a ver a su primer hijo, y sus dos hijos nunca se han conocido. En 2017, se publicaron sus memorias, *Daring to Drive*. En junio de 2018, el rey saudita Salman aceptó que se permitiera conducir a las mujeres.

Janet Mock
(1983–)

Janet Mock recuerda una pequeña crisis en el kínder. Los niños debían poner el calzado en sus casillas. La de ella era azul. El nombre que tenía escrito era "Charles". Pero, para Janet, esa casilla era un error. Quería borrar la palabra "Charles" y reemplazarla con un nombre de niña. Pero estaba convencida, incluso con apenas cinco años, de que querer eso estaba mal. Si bien sus padres la bautizaron Charles, ella siempre se identificó

Janet Mock, 2016

IDENTIDADES TRANSGÉNERO

Las personas transgénero no se identifican con el género que se les asignó al nacer. Una persona transgénero puede identificarse como mujer, a pesar de haber nacido con genitales masculinos. Algunas no se identifican como hombre ni como mujer. Pueden llamarse no binarios, porque no sienten que pertenezcan a ningún extremo del espectro de género.

Las personas transgénero suelen expresar su género en el aspecto físico, con determinadas ropas y cortes de pelo. También pueden decidir cambiar su cuerpo con medicación o cirugías.

Las personas transgénero suelen sufrir discriminación y violencia. Son más propensas a quedar desamparadas, vivir en la pobreza y suicidarse. Si más personas toman la iniciativa de hacerse valer y ser quienes son realmente, quizás las personas transgénero sufran menos discriminación.

como mujer. A los 15 años, Charles ya insistía en que todos la llamaran Janet. Con el apoyo de su madre, comenzó un tratamiento hormonal. Cuando cumplió 18, viajó a Tailandia para operarse. Los médicos de allí podían cambiar su cuerpo para que reflejara el género con el que ella se identificaba.

Después de la operación, Janet asistió a la Universidad de Hawaii y luego hizo una maestría en Periodismo en la Universidad de New York. Mock comenzó su carrera en los medios en la revista *People*. Allí trabajó como editora durante cinco años. En la actualidad, es productora, conductora de televisión y redactora y columnista de la revista *Allure*. Trata temas de género, origen étnico e interseccionalidad. Mock se describe como "una feminista decidida a resolver los estigmas mediante relatos".

En 2014, también publicó su autobiografía, *Redefining Realness: My Path to Womanhood, Identity, Love & So Much More*. Se considera que es el primer libro escrito desde la perspectiva de una persona joven trans. En 2017, escribió una continuación, *Surpassing Certainty: What My Twenties Taught Me*.

La revista *TIME* la nombró una de "las personas más influyentes de Internet" y una de las "12 caras nuevas del liderazgo negro". En enero de 2017, Mock habló en la Marcha de las Mujeres en Washington. Reclamó un movimiento de mujeres que incluyera a todas las mujeres.

Aceptar quiénes somos es tener poder. Sí. Tenemos que atrevernos a sobresalir.

—Janet Mock

Laura Bates, 2015

Laura Bates
(1986–)

Ella quería ser actriz.
Era la carrera que había
estudiado y para la que
había practicado y se había
preparado. Tras terminar
una maestría en Literatura
Inglesa en la Universidad
de Cambridge, Laura Bates
se mudó a Londres
para alcanzar ese sueño.
Pero, en su trabajo diario,
empezó a notar el trato
sexista que recibían
las mujeres. Comentarios
degradantes. Acoso callejero.
Manoseos no deseados.
Cuando Bates compartía
sus experiencias, muchos
le restaban importancia
y le decían que no se tomara
las cosas tan a pecho.
Esto no la hizo cambiar
de opinión acerca del sexismo,

sino que le confirmó lo normal que esto se había vuelto.

La frustración que sentía Bates dio origen al Everyday Sexism Project, un sitio web en el que mujeres y niñas pueden compartir sus historias de acoso y abuso. Bates lanzó el sitio sin publicidad ni financiación y solo esperaba reunir 100 entradas. En su primer aniversario, ya había recibido casi 25,000 visitas. El proyecto ahora concientiza acerca del sexismo y brinda un medio por el cual las mujeres pueden compartir sus experiencias mediante el sitio web, el correo electrónico o Twitter.

En 2014, se publicó el primer libro de Bates, *Everyday Sexism*. El segundo, *Girl Up*, una empoderadora guía de supervivencia para mujeres, salió en 2016. El Everyday Sexism Project ahora abarca 25 países y tiene más de 282,000 seguidores en Twitter. Como tiene tantos seguidores,

ha comenzado a cambiar el sexismo cultural en aspectos pequeños pero potentes. Por ejemplo, cuando hace poco iTunes ofreció una aplicación de cirugía cosmética a las jóvenes, los seguidores de Bates se quejaron y la empresa eliminó la aplicación. A pesar de que Bates ha sufrido amenazas y acoso por Internet, el Everyday Sexism Project continúa dando a las niñas y mujeres un espacio para hablar y unirse.

Las mujeres que lideran leen.
—Laura Bates

Emma Watson, 2017

Emma Watson

(1990–)

A los nueve años, Emma Watson se hizo bruja. Y no cualquier bruja. Se convirtió en Hermione Granger, quizás la bruja más famosa del mundo. Pero descubrió otro tipo de poderes después de cumplir 20 años, cuando la saga de películas de Harry Potter ya había terminado. Watson descubrió su capacidad de cambiar la vida de las mujeres de todo el mundo siendo activista de los derechos humanos.

Supo desde bien temprano, desde que tenía seis años, que quería actuar. Asistió a la escuela Stagecoach Theatre Arts, una escuela de teatro de media jornada en Oxford, Inglaterra, donde estudió canto, baile y actuación. Cuando su primera película, *Harry Potter and the Sorcerer's Stone*, se estrenó en noviembre de 2001, ganó el premio Young Artist a la mejor actriz protagónica joven en una película.

En 2009, empezó a estudiar en la Universidad Brown en Providence, Rhode Island. Ese mismo año, comenzó su obra como activista con People Tree, una marca de ropa que promociona el comercio justo.

En 2014, fue designada Embajadora de Buena Voluntad de ONU Mujeres. Habló sobre la desigualdad de género ante la Asamblea General de la ONU para promocionar el lanzamiento de HeForShe, una campaña que anima a los hombres a defender la igualdad de género. Desde que Watson anunció la campaña, más de 1.6 millones de hombres y niños se han apuntado a una lista de compromisos específicos que buscan terminar con la desigualdad de género.

Como embajadora, ha viajado a Uruguay para animar a las jóvenes a votar y a Malawi para ayudar a poner fin al matrimonio infantil. En 2016, lanzó el club de lectura feminista "Our Shared Shelf" para concientizar acerca de la igualdad de género comentando libros y artículos. En 2018, ella y otras actrices caminaron por la alfombra roja de los Globos de Oro con otras activistas de los derechos de la mujer como sus invitadas. Watson llevó a Marai Larasi, directora de IMKAAN, una organización feminista con sede en el Reino Unido que se opone a la violencia contra mujeres y niñas.

Watson continúa siendo reconocida por su trabajo como actriz y usa su posición para mejorar la vida de las mujeres de todo el mundo.

No quiero que otras personas decidan quién soy yo. Quiero decidirlo sola.
—Emma Watson

En 2014, Malala Yousafzai fue la persona más joven de la historia en recibir un Premio Nobel de la Paz.

Malala Yousafzai
(1997–)

"oh mi señor, provéeme de conocimientos"

Esas palabras decoraban la entrada de la pequeña escuela que administraba el padre de Malala Yousafzai en Mingora, Pakistán. En su interior, las niñas estudiaban y reían. Pero, en 2007, los militantes talibanes tomaron el control de la región y prohibieron a las niñas asistir a la escuela. En septiembre de 2008, cuando los talibanes comenzaron a atacar las escuelas de niñas, Malala dio un discurso en un club de prensa de Peshawar, titulado "¿Cómo se atreven los talibanes a quitarme mi derecho básico a la educación?". Tenía 11 años.

El año siguiente, escribió una entrada de blog para la BBC acerca de la vida bajo el dominio talibán. Usó el seudónimo Gul Makai, pero, al poco tiempo, se reveló su identidad. También fue la figura de un documental, *Class dismissed*, producido por el *New York Times*. Continuó con sus denuncias y, en 2011, recibió el Premio Nacional de la Paz de Pakistán y fue nominada para el Premio Internacional de la Paz de los Niños.

El 9 de octubre de 2012, estaba regresando a su casa en el autobús escolar. Un hombre enmascarado se subió y les disparó a ella y otras estudiantes. Malala estaba en estado crítico, y la llevaron en helicóptero a un hospital militar de Peshawar. Junto con su familia, más tarde se mudó a Birmingham, Inglaterra, para someterse a más cirugías. Increíblemente, no sufrió ningún daño cerebral. Comenzó a ir a la escuela en Birmingham.

Malala y su padre establecieron la Fundación Malala en 2013. La organización "lucha por el derecho de todas las niñas a 12 años de educación libre, segura y de calidad". Ese año habló ante las Naciones Unidas y publicó su primer libro, *I Am Malala*.

En octubre de 2014, ganó el Premio Nobel de la Paz, junto con el activista indio por los derechos de los niños Kailash Satyarthi. Con solo 17 años, Malala fue la persona más joven en recibir un Nobel. En 2017, fue designada Mensajera de la Paz de la ONU, también la más joven de la historia.

Ingresó a la Universidad de Oxford en octubre de 2017. Está estudiando Filosofía, Política y Economía.

Línea de tiempo

1851 Sojourner Truth da su famoso discurso "Ain't I a Woman?".

1869 Susan B. Anthony cofunda la Asociación Nacional para el Sufragio de las Mujeres.

1939 Pauli Murray hace una campaña para ingresar a la Universidad de Carolina del Norte, donde solo estudiaban personas blancas.

1945 Eleanor Roosevelt es designada delegada de la Asamblea General de las Naciones Unidas.

1949 Se publica *The Second Sex* de Simone de Beauvoir.

1955 Rosa Parks se niega a ceder su asiento en el autobús a un hombre blanco, lo que desencadena el boicot a los autobuses de Montgomery.

1963 Se publica *The Feminine Mystique* de Betty Friedan.

1972 Gloria Steinem cofunda la revista *Ms*.

1974 Caryl Churchill escribe su obra de teatro *Objections to Sex and Violence*.

1979 Barbara Walters comienza a trabajar en *20/20* como coconductora y productora.

1991 Charlene Teters ayuda a fundar la Coalición Nacional por el Racismo en los Deportes y los Medios.

2003 Sylvia Tamale es reconocida como la "Peor Mujer del Año" en Uganda por sus políticas progresistas.

2004 Wangari Maathai es la primera mujer en ganar el Premio Nobel de la Paz.

2011 Janet Mock cuenta a *Marie Claire* cómo es ser una mujer transgénero de color.

2011 Manal al-Sharif declara el 17 de junio "Woman2Drive Day" en Arabia Saudita.

2012 Laura Bates funda el Everyday Sexism Project.

2012 Chimamanda Ngozi Adichie da una charla TED muy conocida titulada "We Should All Be Feminists".

2013 Alicia Garza cofunda el movimiento Black Lives Matter.

2014 Se publica la colección de ensayos de Roxane Gay *Bad Feminist*.

2014 Emma Watson lanza su campaña de las Naciones Unidas HeForShe.

2014 Malala Yousafzai gana el Premio Nobel de la Paz.

Glosario

acoso: actos agresivos y no deseados que crean situaciones hostiles

comercio justo: comercio en el que se pagan precios justos a productores de países en desarrollo

cuáquero/a: miembro de una religión llamada Sociedad de los Amigos que se oponía a la esclavitud y la violencia

deforestación: eliminación o tala de árboles

empoderar: dar a alguien confianza o una capacidad

indígena: nativo de un lugar

interseccionalidad: la interacción entre el género, el origen étnico y la cultura

presionar: tratar de persuadir a funcionarios del Gobierno de que actúen o voten de un modo determinado

revocación: acción de cancelar oficialmente algo, como una ley

segregación: práctica de separar a las personas de diferentes niveles de ingresos o grupos étnicos

seudónimo: nombre ficticio o sobrenombre

sexismo: discriminación basada en si una persona es hombre o mujer

sufragio: derecho al voto

templanza: movimiento de reforma que buscaba prohibir la venta y el consumo de bebidas alcohólicas, consideradas culpables de una gran cantidad de problemas sociales

transgénero: persona cuya identidad de género no es igual a la de su género asignado

Preguntas de razonamiento crítico

1. ¿Cuáles son los asuntos más importantes para las feministas? ¿A cuál crees que habría que prestar mayor atención? ¿Por qué?

2. ¿Debería garantizarse la igualdad de derechos según el género en la Constitución de los Estados Unidos? ¿Por qué? Apoya tu respuesta con información tomada del texto y otras fuentes.

3. Las primeras feministas ayudaron a que las mujeres obtuvieran el derecho a votar y trabajar. ¿Crees que los hombres y las mujeres son tratados con igualdad? Si crees que sí, apoya tu respuesta. Si crees que no, menciona ejemplos que demuestren que eso no sucede y qué podría hacerse para solucionarlo.

Acerca de la autora

Jill Sherman vive y trabaja en Brooklyn, New York. Ha escrito decenas de libros para jóvenes. Le gusta investigar sobre temas nuevos y está encantada de poder compartir con los lectores jóvenes los logros de mujeres activistas sobresalientes. Jill se está entrenando para una carrera de 10K y adora tomarle fotos a su perro.

Notas sobre las fuentes

Página 12, col. 2, línea 12: Kathryn Schulz. "The Many Lives of Pauli Murray". *The New Yorker*. 17 de abril de 2017, https://www.newyorker.com/magazine/2017/04/17/the-many-lives-of-pauli-murray

Página 15, col. 1, línea 9: Debra Michals. "Betty Friedan". National Women's History Museum. 2017, www.womenshistory.org/education-resources/biographies/betty-friedan

Página 17, col. 2, línea 3: Elizabeth Varnell. "Gloria Steinem Knows Firsthand How the Original Playboy Bunnies Got Their Hourglass Shape". *Vogue*. 28 de septiembre de 2017, https://www.vogue.com/article/playboy-bunnies-hourglassbody-gloria-steinem-hugh-hefner-death-playboy-club-new-york

Página 19, col. 2, línea 13: Jeffrey Gettleman. "Wangari Maathai, Nobel Peace Prize Laureate, Dies at 71". *The New York Times*. 26 de septiembre de 2011, https://www.nytimes.com/2011/09/27/world/africa/wangari-maathai-nobel-peace-prizelaureate-dies-at-71.html?mtrref=www.google.com

Página 24, col. 1, línea 2: "bell hooks". *Encyclopaedia Britannica*. https://www.britannica.com/biography/bell-hooks

Página 23, col. 1, línea 21: Josephine Liptrott. "Biography: bell hooks – Author, Activist". *The Heroine Collective*. 16 de marzo de 2016, http://www.theheroinecollective.com/bell-hooks/

Página 37, col. 2, línea 2: "Rosa Parks Biography". *Biography*. 27 de febrero de 2018, https://www.biography.com/people/rosa-parks-9433715

Página 38, col. 2, línea 13: "Rosa Parks". History. 2009, https://www.history.com/topics/black-history/rosa-parks

Página 38, col. 1, línea 9: Jeanne Theoharis. "How History Got the Rosa Parks Story Wrong". *The Washington Post*. 1 de diciembre de 2015, https://www.washingtonpost.com/posteverything/wp/2015/12/01/how-history-got-the-rosa-parks-story-wrong/?noredirect=on&utm_term=.72bd727d46df

Página 41, col. 1, línea 22: Erik Brady. "The Real History of Native American Team Names". *USA Today*. 24 de agosto de 2016, https://www.usatoday.com/story/sports/2016/08/24/real-history-native-american-team-names/89259596/

Página 42, col. 2, línea 6: "'Worst Woman of the Year': Sylvia Tamale Publishes African Sexualities". AWID Women's Rights. 10 de octubre de 2011, https://www.awid.org/news-and-analysis/worst-woman-year-sylvia-tamale-publishes-african-sexualities-reader

Página 43, col. 1, línea 13: Gumisiriza Mwesigye. "Tamale: A Passionate Human Rights Activist". *Daily Monitor*. 28 de abril de 2012, http://www.monitor.co.ug/SpecialReports/ugandaat50/1370466-1394360-14ekh7r/index.html

Página 44, col. 2, línea 19: "Caryl Lesley Churchill Biography". Biography. 16 de octubre de 2014, https://www.biography.com/people/caryl-lesley-churchill-9248036

Se accedió a todos los sitios de Internet el 22 de mayo de 2018.

Índice